UN FLÉAU NATIONAL

LES
GRANDS MAGASINS DE PARIS

ET LES

MOYENS DE LES COMBATTRE

PAR

ALEXANDRE WEILL

50 CENTIMES

PARIS

CHEZ E. DENTU, 3, Place de Valois (Palais-Royal)

ET

CHEZ L'AUTEUR, 11, Faubourg Saint-Honoré

1888

I

Dans un de mes derniers numéros de *Paris Mensonge*, j'ai
promis une enquête sérieuse sur les grands magasins d'accaparement de Paris, que tout le monde (propriétaires, fabricants, ouvriers, employés, marchands de gros et de détail,
industriels) attaque, chacun en particulier, sans qu'un journal,
jusqu'à ce jour, ait osé leur servir d'interprète, je ne dis pas
par un article, mais pas même par une ligne ou un simple
mot ! C'est naturel. Les grands magasins font pour des centaines
de mille francs d'annonces dans tous les journaux de France
et de l'étranger, et comme la presse la meilleure, dans notre
organisation sociale, n'est plus qu'une spéculation d'argent,
en mettant au second et même au troisième rang les principes et le talent, et cela sous tous les rapports, ce qui fait
qu'elle se creuse elle-même sa propre fosse, attendu que toute
liberté se perd irrévocablement par l'abus de cette liberté
même, en un mot, comme l'homme d'argent domine dans
tous les journaux sans exception l'homme de principe et de
talent, il fut, il est et il sera toujours impossible à un journal français de signaler les abus et les dangers de ces
maisons d'accaparement; abus et dangers qui vont croissant,
corrompant non seulement la famille, le commerce, l'industrie, le bien-être de la grande majorité des Français, mais
compromettant la moralité, la réputation de l'industrie na-

tionale, et réagissant forcément, en augmentant le déficit, sur le budget général de la France.

La presse n'est pas *rendue*, elle est *rendue*.

Inutile d'ajouter que je n'ai ni n'aurai le moindre rapport personnel avec ces maisons ; que j'entreprends cette guerre par pur amour de la vérité, poussé par mes principes de moralité, qui, jusqu'à ce jour, ont inspiré tous mes écrits, et j'ose ajouter par patriotisme ! Que si je me trompe, si des esprits indépendants comme moi me prouvent, par des raisons et des faits, que mes appréciations sont erronées, que les principes que j'émets à ce sujet ne sont pas conformes à la logique, ni ne reposent sur des bases de probité et de vérité, je ne demande pas mieux que d'en faire l'aveu. Aucun autre argument que la discussion par des hommes compétents et indépendants n'aura prise sur moi. Je n'ai besoin de rien. L'argent ni la corruption n'ont eu d'influence sur moi quand j'étais jeune et pauvre, à plus forte raison maintenant que me voilà vieux et quasi riche. Par ma franchise et mon amour de la vérité, j'ai perdu pas mal d'amis ; mais, ayant gagné dans ma propre considération, que m'importent les amis ou les ennemis ! Je n'ai jamais eu d'autre véritable ami que Dieu ! Celui-là connaît ma bonne foi ! Et il ne m'a jamais abandonné !

II

Examinons tout d'abord les principes de liberté absolue du commerce dont arguent les défenseurs de ces magasins, et le rôle qui incombe à l'État ou à la Société dans l'intervention ou la non-intervention par ses lois sur les affaires particulières des citoyens.

Qu'est-ce que la société? Sur quels principes fondamentaux repose-t-elle? Quel est son but et quels sont ses moyens? Où s'arrête son intervention et quand faut-il qu'elle intervienne? En un mot, quels sont les devoirs et les droits de la Société et quels sont les devoirs et les droits des sociétaires ou des citoyens qui la composent?

Que le lecteur ne s'effarouche pas pour me suivre dans ces hauteurs sociologiques. Ces principes réduits à la stricte logique sont d'une grande simplicité et à la portée de tout le monde.

L'homme, dès son existence, n'a jamais fait d'autres lois que celles qui sont conformes aux lois de la nature qu'il a observées, lesquelles lois également sont conformes à la nature de leur créateur, quel qu'il soit et comme qu'il se nomme.

L'homme ne crée rien, il imite! Il n'invente rien, il trouve! Il n'apprend rien, il se ressouvient!

Ce qui a frappé les hommes de tous les pays et de toutes les nations, c'est de voir les planètes exister *les unes pour les autres,* c'est de voir la planète forte, comme le soleil, se mouvoir et graviter, à un millimètre près, pour donner lumière et chaleur aux autres planètes plus faibles qu'elle, afin que, par leur coopération et leurs mouvements à elles, ces planètes faibles puissent, à leur tour, rendre leurs forces réunies à la planète forte dont elles tirent leur existence et leur durée. Quel que soit le créateur de ces mondes, le principe sur lequel ces mondes reposent s'appelle *Justesse.* En vertu de cette Justesse, les éléments forts se meuvent et travaillent pour les éléments plus faibles beaucoup plus nombreux qu'eux. Le travail nulle part n'est autre chose que mouvement, et le mouvement nulle part n'a d'autre but que de produire lumière et chaleur. La quantité, dans aucune sphère, ne vaut la qualité, mais la quantité, à son tour, se mouvant selon la loi naturelle, vivifie partout la qualité et lui donne la force voulue pour son propre bien.

La nature n'est pas libre. Ses mouvements sont réglés à un cheveu près. Les irrégularités mêmes sont inhérentes à ses lois. Les planètes ne peuvent pas manquer à leurs devoirs de mouvement, sauf le cas où l'homme libre les corrompt par les abus mêmes de sa liberté. Car l'homme est le maître de toute la nature, même des éléments, qu'il améliore ou qu'il détériore selon ses vertus ou ses vices.

L'homme donc, être social qui ne peut vivre seul, dont la loi d'amour inhérente à sa nature le force déjà à vivre en compagnie d'un autre de ses semblables, tout d'abord a trouvé sa loi naturelle dans la loi des éléments qui l'entourent et sans lesquels il ne saurait vivre une minute. Dès son existence, il a fondé la société sur la même loi de *Justesse*. Seulement, au lieu de *Justesse*, il lui a donné le nom de *Justice*; mais de même qu'en vertu de la *Justesse*, les forts, au lieu d'exploiter les faibles, ne se meuvent, c'est-à-dire ne vivent que pour eux, de même la *Justice* n'a d'autre but que d'engager le fort à vivre pour le faible; et de fait tout homme juste est un fort travaillant et vivant pour de plus faibles que lui.

Mais Dieu a créé l'homme libre. A l'exception de toutes les créations du monde, l'homme a la liberté de manquer à son devoir de Justice. Non seulement il peut ne vivre que pour lui, mais s'il est fort il peut être injuste, au point de forcer les autres de ne vivre et de ne travailler que pour ses plaisirs et ses intérêts. Cela ne dure pas! En vertu de la loi divine, qui est la *Justice absolue*, sans laquelle rien ne pourrait durer, l'homme est bien libre d'être injuste, de faire le mal tout en voyant le bien, mais au bout de quelques années la loi de la Justice éclate toute seul sur lui et sur tous ceux qui ont pris part à l'injustice, même sur ceux qui l'ont tolérée par leur silence ou leur mollesse. Les faibles exploités, qui toujours sont en plus grand nombre que les forts exploiteurs, s'unissent pour revendiquer leurs droits, et s'ils n'obtiennent pas justice par ceux qui font les lois, à la tête de la société, ils emploient la violence et opposent Force contre Force, Injustice contre Injustice, jusqu'à complet rétablissement de la loi de la compensation.

C'est là en résumé l'histoire de toutes les nations, de tous les humains.

L'injustice des forts contre les faibles s'appelle : Despotisme ou tyrannie. L'injustice des faibles réunis contre les forts s'appelle : Révolution ou anarchie, deux états sociaux qui sont contraires à la loi divine de la *Justice*, basée sur la loi naturelle de la *Justesse !*

III

Il n'est pas vrai, il est souverainement faux que dans la nature les forts dévorent les faibles ! Nul animal bienfaisant ne vit d'un animal plus faible que lui. On n'a jamais vu un éléphant dévorer un cheval qui ne l'attaque pas, ni un taureau se nourrir de moutons et de veaux. Les animaux malfaisants seuls dévorent les faibles, mais les animaux malfaisants eux-mêmes sont une création spontanée sortie des hommes forts, ayant dévoré, en d'autres termes, ayant exploité leurs semblables plus faibles qu'eux. Quand l'homme fort ne fait pas son devoir de justice envers les êtres faibles, hommes, animaux, végétaux et minéraux, tous solidaires, alors comme le poux qui naît de

la malpropreté volontaire ou forcée d'un homme, ces animaux malfaisants, espèce de poux de la malpropreté morale
proportionnés à la grosseur de la terre, sortent vengeurs et
rongeurs et dévorent, à leur tour, les forts prévaricateurs.
Même, les éléments destructeurs sortent des injustices des
hommes. Si tous les hommes étaient justes, vivant les uns
pour les autres en paix, il n'y aurait ni maladies, ni pestes,
ni animaux malfaisants, ni ouragans destructeurs. Ou Dieu
n'a pas créé le mal, ou il n'est pas. Le mal est la création
libre de l'homme, et l'homme préfère sa liberté à sa prospérité.
Ces soi-disant savants qui, à force de faits frelatés, mal observés
et d'arguties soi-disant originales, prétendent que dans la
nature les forts dévorent les faibles, ne sont que des crétins!
Et les hommes politiques qui, tablant sur cette hérésie, ont
introduit ce faux principe dans la société, tous, tant qu'ils sont,
ne sont que des gredins!

De manière que la haute société européenne actuelle n'est
composée que de crétins ayant engendré des gredins! Des
crétins qui parlent et des gredins qui agissent!

Mais la vermine qui est sortie de leurs malpropretés mo-
rales est déjà toute grouillante, prête à les dévorer, corps et
biens!

Si tous les hommes étaient justes, on n'aurait point eu
besoin d'une société avec des lois. L'homme juste est un
homme vertueux, la vertu n'étant autre chose que des actes
de justice d'un fort travaillant volontairement pour les faibles.
Mais les hommes étant libres de pouvoir être injustes, *la
société, n'étant nulle part que la réunion des faibles*, a fait des
lois pour empêcher, au nom de la Justice, le fort d'exploiter
le faible, afin d'éviter la justice de Dieu, intervenant par le
Temps et qui détruit toute justice pour longtemps, le despo-

tisme engendrant l'anarchie, et l'anarchie enfantant le despotisme, lesquels ne laissent derrière eux que guerres, pestes, famines et morts !

Le but de la justice sociale n'est donc pas de forcer le fort de travailler pour le faible, cela s'appelle *vertu*, la vertu n'étant autre chose que de la justice volontaire. La société ne peut pas intervenir pour forcer ses sociétaires à être vertueux; SON DEVOIR SE BORNE A EMPÊCHER LE FORT D'EXPLOITER LE FAIBLE. Elle n'a pas d'autre but, mais, là où la justice sociale manque à ce devoir, il n'y a plus de société possible, car l'exploitation du faible par le fort, au nom de la force sans justice, provoque naturellement, forcément, inévitablement la vengeance par la même force des faibles réunis, et c'est l'anarchie, et avec l'anarchie il n'y a plus de société possible !

Mon pauvre père qui était plein de bon sens a résumé toutes ces vérités dans un seul dicton populaire. Un jour, me prenant à part, il me dit :— Mon fils, on m'a dit que tu n'avais plus de religion.— Qui t'a dit cela? lui demandai-je. — Tout le monde, me répondit-il. — Je crache sur le monde, lui répondis-je, impatienté. — Mon fils, quand tu craches sur le monde, me dit alors mon père en souriant, il en vient très peu sur chacun. Mais, quand tout le monde crachera sur toi, tu resteras dessous !

Et voilà la société ! A la fin, il y a toujours de plus forts qu'un fort pour venger la faiblesse. Mais il n'y a rien de plus fort que la Justice, attendu que la Justice par elle-même n'a d'autre but que d'empêcher les forts d'exploiter les faibles, afin que les faibles, jouissant de leurs droits, par cette jouissance même contribuent à la force des forts, plus encore, leur rendent le double de leur force dépensée pour eux, comme les planètes inférieures rendent tous les jours au soleil le double de la force dépensée par lui, afin de leur assurer assez de lumière et de chaleur indispensables à leur existence et à leurs mouvements.

IV

Appliquant ces principes aux grands magasins de Paris, le moment est certainement arrivé pour l'État, représentant la Société, d'intervenir en faveur des faibles, non seulement exploités, mais dévorés par les forts, et quels forts? Les moins intelligents, les moins utiles, les moins patriotiques des forts, représentés uniquement par l'argent qui est, de toutes les forces sans justice, la plus méprisable, car, comme l'a dit Lessing, on n'a qu'à regarder les hommes auxquels Dieu octroie d'immenses fortunes pour s'assurer que, ce qu'il méprise le plus, c'est l'argent!

Cette intervention de l'État, qui est urgente, sera considérée comme nécessaire, inévitable, indispensable quand j'aurai prouvé :

Premièrement : que les grands magasins sont la ruine de la famille, de la morale publique et de la population;

Deuxièmement : qu'ils sont la ruine de la propriété grande et petite ;

Troisièmement : qu'ils sont la ruine du petit commerce de toute la France;

Quatrièmement : qu'ils sont la ruine, non seulement du petit commerce de détail, mais même du grand commerce en gros ;

Cinquièmement : qu'ils sont la ruine des fabricants et des ouvriers qu'ils emploient;

Sixièmement : qu'ils sont la ruine de l'industrie nationale ;

Septièmement : qu'ils sont la cause première de la décadence de toutes les industries françaises et de l'infériorité de leurs produits ;

Huitièmement : qu'ils sont et qu'ils seront de plus en plus la ruine du budget.

Enfin, que tôt ou tard, maîtres absolus et des producteurs et des consommateurs, s'ils ne sont pas enrayés par des lois, ils empiéteront forcément, isolés ou réunis et fusionnés, sur le domaine politique et deviendront, s'ils ne le sont pas déjà, un danger politique et social.

V

Un ancien employé d'une de ces maisons, qui en connaît le fonds et le tréfonds, m'a fait un rapport, dans lequel il tend à établir les immenses frais de ces maisons; frais supérieurs à tout ce que l'on peut imaginer, puis, malgré ces frais, les immenses bénéfices de ces mêmes maisons payés par leurs dupes de clients, dupes par rapport au soi-disant bon marché et à la supériorité de la qualité de la marchandise. Il me prouve que les prétendus articles sacrifiés ne sont un sacrifice que pour les acheteurs, attendu que, même vendus au prix coutant, ces maisons ont leur bénéfice de l'escompte et d'une commission, que ces articles même sacrifiés sont en si petite quantité qu'au bout d'une heure de vente ils disparaissent comme par enchantement et que d'autres retirés de l'autel ne sacrifient plus que leurs acheteurs, que si ces marchandises donnant des bénéfices incroyables, puisque, malgré les frais, ces maisons, au bout de quelques années, réalisent des fortunes montant à des centaines de millions, peuvent être vendues à meilleur marché que dans les autres maisons, ce résultat ne pourrait être obtenu qu'aux dépens de la qualité, le fabricant ne pouvant plus se rattraper sur la diminution du salaire de l'ouvrier français, ou en s'adressant aux fabriques de l'étranger, telles qu'à Crefeld pour les soieries, qu'à Bâle pour la rubanerie en soie et en velours, et qu'à la Belgique pour d'autres articles, sans compter les fabriques anglaises et autrichiennes.

Mon rapporteur se donne au cœur joie sur l'article des coupons, qui, selon lui, sont de vrais coupons dans le pont, en prétendant qu'ils les fabriquent eux-mêmes, sûrs qu'ils sont, grâce au silence de la presse, de la bêtise et de la crédulité de leurs clients et clientes.

Tout cela sont des détails dans lesquels je n'entrerai pas et qui ne me regardent pas. Si le public est crédule et bête, tant pis pour lui ! Il n'est pas seulement bête et crédule pour ses achats, il l'est pour toutes les questions de son bien-être moral et physique. Il est aussi bête pour sa religion qu'il l'est pour sa santé.

La question est plus haute. Elle touche à tous les grands principes de l'état social. Le droit de bêtise, étant permis au public, ne l'est pas à l'État ou au gouvernement, même si ce gouvernement est élu par le suffrage universel. Le peuple est partout un troupeau de moutons de Panurge. Il lui faut pour vivre d'intelligents, de fidèles bergers et de vigilants chiens qui sachent crier casse-cou et au loup ! Je suis un de ces chiens, mais je ne suis pas sûr de trouver un berger pour me comprendre.

Peu m'importent les frais, si considérables qu'ils soient, de ces maisons et leur manière de procéder avec leurs employés. J'admets la bonne foi tout entière de leurs chefs et la véracité de leurs boniments, toujours les mêmes, que la presse entière met toute l'année, jusqu'à la nausée, sous le nez de ses lecteurs. J'admets même, bien que j'aie la preuve du contraire par ma propre expérience, que le client acheteur trouve son compte dans ces grands bazars, ce qui dans l'état actuel ne serait pas étonnant, puisque tous les autres commerçants, dont le chiffre d'affaires, grâce à cet accaparement, s'est réduit à un tiers, ou même à un cinquième de ce qu'ils faisaient avant cette invasion, sont forcés, sous peine de mort, de gagner sur le peu d'articles qu'ils vendent au moins trente pour cent de plus! C'est ce qui est arrivé à nos tailleurs! Jamais nos articles d'habillement faits par eux n'ont été si chers, malgré les machines avec lesquelles ils travaillent et jamais leurs tissus et leurs étoffes n'ont été d'une si mauvaise qualité, que depuis l'établissement de ces soi-disant confectionnaires à bon marché.

VI

· Une chose est certaine, indéniable. **Au bout de quelques années de ce trafic, ces maisons, malgré leurs immenses frais, savent gagner jusqu'à des centaines de millions!** Non pas par l'intelligence d'un homme de génie, puisque le premier employé venu, le premier chef de rayon, mis à la tête d'une de ces maisons, même s'il devient fou, peut réaliser les mêmes bénéfices, *mais par la force seule de l'accaparement!*
Que ces millions soient même partagés par leurs employés

et ouvriers, ce qui n'est pas vrai, *d'où viennent-ils? Qui-est-ce qui les a payés*, même après y avoir trouvé un certain profit?

C'est le peuple! Le peuple seul! Le peuple d'acheteurs et de clients! Nous tous enfin!

On me dit, mais il les aurait payés, ces millions, à d'autres commerçants et il aurait été forcé d'aller de maison en maison et de payer plus cher. Le peuple n'y aurait rien gagné! Ces millions auraient été gagnés par cent mille, par deux cent mille marchands et commerçants. Où est le profit du peuple? Qu'est-ce que cela lui fait, étant destiné à être croqué, que ce soit par un seul lion ou par cinq cents renards!

Nous voilà au cœur de la question! Voici ma réponse.

Avec cet argent gagné par cent mille marchands, ces cent mille commerçants auraient loué cinquante mille boutiques, auraient payé cent mille patentes, sans compter les autres impôts, et, qui plus est, auraient épousé en légitime mariage cinquante mille jeunes filles, auraient fondé cinquante mille familles, et finalement auraient élevé dans des principes d'honnêteté, de travail et de patriotisme, deux cent, peut-être quatre cent mille enfants, le tout au profit de l'État et de la patrie.

Et comme toute société est forcément coopérative, les acheteurs eux-mêmes, devenus à leur tour vendeurs, non seulement auraient honnêtement gagné leur vie, mais ils auraient, en même temps, quoique indirectement, participé à ces bénéfices. Ils ne se seraient pas enrichis, au point de devenir millionnaires, leurs veuves n'auraient pas pu laisser deux cent mille francs à leur cocher, ni des centaines de mille francs aux prêtres de toutes les religions, mais ils auraient pu dignement accomplir leurs devoirs de fils, d'époux, de père et de citoyen, sans compter la jouissance du plus grand bien social, sans lequel l'homme, quoi qu'il fasse et quelle que soit la couleur du galon qu'il porte, n'est qu'un laquais et qu'un valet ! Savoir : LA LIBERTÉ ! La liberté d'aller et de venir, ainsi définie par la Constitution républicaine de mil huit cent quarante-huit !

On a beau me dire que ces maisons entretiennent des centaines d'employés, quelques-unes mêmes leur garantissent, mais en très petit nombre, une part assez lucrative des bénéfices. Ces employés n'en dépendent pas moins de la volonté, même d'un caprice du maître. Il est de ces maisons qui en renvoient quatre cents en un jour. Donc de liberté, pas une trace ! De famille encore moins ! Comment se marier, fonder une famille, élever des fils et des filles, si peu exigeants que soient les besoins des ménages, si après avoir travaillé pendant des années ils n'ont pas la certitude que leurs travaux, leur intelligence, voire même leurs privations leur assurent une existence libre, une sphère d'activité affranchie de toute entrave étrangère, s'ils sont privés même de l'espoir d'un avenir plein de prospérité et peut-être d'honneurs pour eux et leurs fils ? Aussi se marie-t-on rarement dans ces maisons, l'exception même ne peut avoir lieu que pour certains chefs de rayons. Encore suffit-il d'un mot lâché involontairement ou dans un accès de mauvaise humeur, pour que le chef puisse vous dire : Passez à la caisse pour faire régler votre compte. Vous ne faites plus partie de la maison ! De fait, le *mariage* dans ces maisons en grande majorité s'appelle *collage* et le nombre d'enfants naturels a sensiblement augmenté depuis l'établissement de ces caravansérails, dont seuls quelques actionnaires sont assurés de toucher des dividendes usuraires, aux dépens du bien-être et de la moralité du peuple. Cet état de choses est forcé. S'il en était autrement, ce serait contre la loi de la nature. Qu'on se figure un établissement

public desservi par deux cents religieuses au côté nord, et par
trois cents moines au côté sud, même avec des séparations de
boxes. Quelles noces ! surtout avec les repas communs, fus-
sent-ils séparés par sexe ! Quelques chefs de ces maisons ont
beau préférer des femmes laides, c'est encore pire. Celles-là
tiennent à prouver que c'est possible. Bref, c'est une promis-
cuité forcée. Tous seraient même mariés, le résultat n'en
serait pas moins détestable. Il vaut mieux pour eux qu'ils
ne le soient pas. La morale n'y gagne rien, ni l'avenir des
enfants non plus. Seulement, les infidélités décollantes ne
rentrent pas tout à fait dans les catégories du crime d'adul-
tère.

On a fait grand bruit du testament de la propriétaire d'une de
ces maisons. Jamais réclame colossale pour les successeurs sans
bourse délier n'a vu le jour ; jamais bulles de savon de cette
dimension monstrueuse ne furent soufflées sur le peuple avec
une énergie pareille ! Ce testament qu'on dirait fabriqué par
Krupp est une immense blague nationale !

Nous avons vu que le peuple a payé cent millions et au delà
de bénéfices nets pendant quelques années de fréquentation, en
se les soustrayant à lui-même, car les cent mille familles de citoyens qu'il a ruinées, c'est lui-même, elles sont sa chair et son
sang. Maintenant quel bénéfice tire ce même peuple de ce testament ? Que dix, que vingt chefs de rayon touchent dix mille
francs de guelde de plus une fois pour toutes, que cent, deux
cents employés touchent, les uns six mille, les autres deux
mille et jusqu'aux garçons de peine cinq cents francs, qu'est-ce
que cela peut faire au peuple français ? Autant en emporte une
noce ! Mais elle a laissé plusieurs millions à l'Assistance publique. D'accord ! Outre que l'argent donné à l'assistance sert
pour une grande part à ceux qui le distribuent — quand on

pense que le petit comité de bienfaisance israélite inscrit quarante mille francs de frais (comme si toute assistance par les riches et les hommes valides ne devait pas se faire gratuitement en faveur des pauvres et des malades), outre cette considération faite en passant et qui mériterait d'être traitée à fond, il n'y a jamais eu dans aucun pays ni dans aucun temps une société de riches aussi indignement, aussi égoïstement encroûtée que les millionnaires français depuis plus d'un demi-siècle. Non seulement ils n'ont aucune notion de leurs devoirs de riches et de forts envers les pauvres et les faibles, mais leurs charités mêmes, si nombreuses et si fréquentes qu'elles soient, à l'exception peut-être de quelques legs récents, sont faites avec tant d'inintelligence, de négligence et d'ignorance, que la plupart tournent contre le but de leurs donateurs par la force des choses et par la logique des causes et des effets.

Cela est visible surtout depuis la guerre néfaste de mil huit cent soixante-dix, guerre et défaite provoquées par les prévarications, les défaillances et les manquements à tous les devoirs des forts contre les faibles, durant les années de l'Empire qui ne furent qu'une longue orgie de la société riche, ne laissant aux pauvres que les miettes des festins.

VII

Toute autre nation sans exception, frappée d'une imposition de guerre de cinq milliards, aurait d'abord commencé, comme d'ailleurs M. Crémieux l'avait proposé en souscrivant cent mille francs et moi cinq mille, par une souscription volontaire, ce qui n'aurait pas suffi, puis, par un impôt forcé et proportionnel sur toutes les fortunes jusqu'à l'extinction complète de la dette. Cela aurait duré quelques années, quelques années de dures épreuves, mais je le déclare à la face du ciel, ces épreuves nationales auraient été nécessaires pour le salut de la nation. Elles l'auraient forcée de rentrer en elle-même, de mettre un crêpe à son drapeau, de s'habituer à de grandes privations matérielles, de se recueillir enfin pendant tout le temps de sa libération.

Il est vrai que Paris eût été moins bruyamment gai pendant quelques années; on n'y aurait plus joué *la Grande Duchesse*, cette odieuse infamie militaire nationale, cette soi-disant farce qui, en très peu de temps, s'est retournée en lugubre tragédie contre la France, car il n'y avait à Metz, à Sedan et à Paris que des généraux Boum et la Grande Duchesse s'appelait bel et bien l'impératrice Eugénie !

Les Français, à force de se recueillir, seraient peut-être devenus une nation sérieuse, un peuple studieux et moral; ils auraient peut-être fini par devenir spirituels, au lieu de n'être qu'un peuple de blagueurs et de cabotins !

Qu'a-t-on fait à la place? Non! cela ne s'est jamais vu. De même qu'il n'y a pas dans l'histoire un exemple de cent soixante-quinze mille guerriers bien armés, livrant leurs canons, leurs épées et leurs corps sans coup férir, sans essayer la moindre résistance, de même il n'y a pas dans toute l'histoire humaine un exemple d'une nation de millionnaires, de demi et de quart de millionnaires, qui, frappée de cinq milliards de rançon, *au lieu de s'imposer des sacrifices, s'arrangent pour gagner dessus cinq autres milliards aux dépens du peuple, de la grande majorité du peuple pauvre, qu'ils chargent de lourds et éternels impôts, représentant les intérêts de ces milliards qu'ils mettent dans leurs poches.*

Ils ont érigé une statue à l'homme néfaste qui a eu cette idée et qui en a prélevé pour sa part un million pour sa maison, le plus grand malfaiteur de la France, l'esprit le plus étroit, l'homme d'État le plus ignorant qui ait jamais vécu (il m'a dit à moi qu'il n'avait jamais lu la Bible), l'homme fatal à tous les gouvernements, à tous les partis qu'il a servis, depuis sa jeunesse jusqu'à sa mort, l'homme auquel on aurait dû couper la main, après avoir signé le traité de Versailles et de Francfort, et le cou après avoir décrété un emprunt de cinq milliards, sur lequel tous les souscripteurs ont gagné jusqu'à quarante pour cent, aux dépens des pauvres qui en payent les intérêts par des impôts et qui les payeront toujours. C'est de cette infamie que date le malheur de la République, et ce seul crime de lèse-peuple suffirait pour lui tordre le cou !

VIII

La société, qu'elle s'appelle monarchie ou république, aristocratie ou démocratie, n'ayant d'autre but que de protéger les faibles contre l'exploitation des forts, les premiers faibles à protéger, ce sont les *Invalides Civils*, sans la protection desquels il n'y a aucune société possible qui ne soit elle-même l'image de la guerre civile en permanence. Les faibles à protéger sont les enfants, surtout les orphelins, les infirmes, les malades et les vieillards! La démocratie moderne en a compris une partie. Elle tend à protéger l'enfance et les malades, mais, en laissant de côté les Invalides du travail, elle a absolument commencé son édifice par le toit, au lieu de le commencer par la base. Voilà trente ans que dans chacun de mes écrits, intentionnellement même en digressions, je m'égosille pour prouver qu'il n'y a ni paix, ni prospérité, ni bonheur, ni sécurité possible pour aucune fortune, même la plus honnêtement acquise, avant que le travailleur honnê   qu'il soit et dans n'importe quelle catégorie de travail qu'il se trouve, ne soit assuré d'avoir un morceau de pain à l'âge où il ne pourra plus gagner sa vie par le travail. Il n'y a pas d'honnête homme possible dans notre société, à moins, comme le dit le romancier Tacqueray, qu'on n'ait dix mille livres anglaises de rentes assurées. Tacqueray se trompe, en ce sens qu'il y aurait toujours des hommes et des femmes vertueux, des justes volontaires, qui travailleront pour les autres, et de fait c'est le meilleur moyen de travailler en même temps pour soi-même. Mais c'est l'immense minorité ! La grande majorité ne songe qu'à ramasser quelques sous pour la vieillesse, n'importe les moyens, et la plupart du temps ces sous ramassés se placent si mal, qu'ils se glissent dans les poches des autres, et que la vieillesse arrive traînant après elle la misère, l'abandon et une mort précoce.

On prêche à l'ouvrier l'économie pour ses vieux jours. A quoi bon ? dit-il avec raison. Faut-il que je me prive quand j'ai de quoi croquer pour un âge où je n'aurai plus de dents ! Je n'en ai déjà pas de trop pour moi et ma famille. Il ne peut pas y avoir un domestique fidèle, pas plus qu'un employé ou un fonctionnaire sûr avec les appointements qu'ils ont, la retraite du fonctionnaire, bien qu'il l'ait payée lui-même par des retenues, étant dérisoire, à moins que ces travailleurs ne soient garantis d'avoir un morceau de pain assuré, après un travail honnête de trente et de quarante ans. Comme cette rente de vieillesse ne serait assurée qu'aux travailleurs et qu'aux travailleuses ayant dans leur poche des certificats d'honnêteté, on peut être certain que la société, dès ce jour, changerait de face et que l'État, loin d'y perdre, gagnerait des millions sur son budget, par la diminution des fonctionnaires représentant la police, la justice et la charité publique. Dès ce jour aussi, les parents soigneraient mieux leurs enfants et leurs malades, car ils n'auraient plus besoin d'économiser sur leur salaire pour un avenir incertain, surtout si la rente de l'invalide s'étend sur la femme aussi bien que sur l'homme. Ce ne serait pas une charité que cette rente, mais une dette sacrée sociale. Ces invalides-là, pouvant encore travailler un peu dans leurs villages, feraient certainement eux-mêmes la charité à de plus faibles qu'eux, aux malades et aux enfants ! Certes, il y aurait toujours des cerveaux détraqués, des malfaiteurs, qui préféreraient nocer quelques jours avec les fruits d'un vol, même d'un assassinat, au risque de compromettre toute une vie, mais le nombre en diminuerait sensiblement. De même le nombre des prostituées. Bref, **le premier devoir d'une société honnête et intelligente, c'est d'assurer un morceau de pain à ses invalides civils.**

Si la France, mettons au bout de dix ans, avait payé ses cinq milliards de ses économies du passé — la fortune acquise — et du présent (les riches les auraient bien vite regagnés par leur travail forcé), sans charger les pauvres de payer les intérêts des nouveaux milliards gagnés sur le payement des anciens, avec un emprunt d'un seul milliard, ou aurait pu assurer ce morceau de pain à tous les invalides civils de la France et la République eût été fondée à tout jamais !

IX

Pour revenir donc à nos moutons de Panurge, si la République pouvait forcer ces maisons à léguer leurs millions de bénéfices gagnés sur le peuple en fonds d'invalides civils, il n'y aurait rien à dire, bien qu'en ce cas même il serait préférable que ces millions fussent gagnés par cent mille familles que par trois ou quatre associés. Mais ce n'est point là le but de l'État. Il n'a jamais à intervenir sur l'emploi de l'argent gagné. Il doit non seulement assurer à chacun la liberté du travail présent, mais encore celle du travail acquis, la fortune. Seulement son devoir exige qu'il intervienne, dès que la liberté de l'un lèse la liberté de l'autre. Un homme a beau dire, mais je ne gêne pas mon voisin, qu'il fasse comme moi! Autant permettre à un homme qui a deux jambes de couper une jambe à un concurrent, et de dire qu'il marche comme moi. Dès qu'une force est sur le point d'exploiter une faiblesse, il est du devoir de la société d'intervenir par une loi. L'impôt que la société prélève sur le riche n'a d'autre but que d'établir la justice, afin d'empêcher les pauvres, en majorité partout, de violer la liberté et le droit de propriété du riche, car, il ne faut pas l'oublier, c'est précisément pour garantir à ce riche sa fortune contre une réunion illégale des pauvres, qui pourraient s'en emparer de force, que la société intervient par sa loi! Sans cette loi, il n'y aurait pas un seul riche dans le pays, les pauvres étant partout mille contre un. Si donc celui qui gagne des millions veut que la société lui assure ses bénéfices, il faut qu'il commence, par ces bénéfices mêmes, à ne point exploiter la faiblesse de la grande majorité des citoyens, autrement, quoi que fasse la société, et quels que soient ses moyens de coercition, les faibles se réuniront et emploieront force contre force, en violant les lois de la justice. Quiconque ne fait pas ses devoirs perd tôt ou tard ses droits.

X

Les considérations que je viens d'énumérer sur les dangers
de la famille, de la moralité nationale et sur la liberté compromise des citoyens suffiraient, à elles seules, pour engager
l'État à intervenir légalement, afin d'empêcher une intervention
illégale qui, tôt ou tard, est dans la force des choses. Mais
il y en a encore d'autres toutes aussi probantes, toutes aussi
palpables qu'il me reste à signaler, et qui, d'ailleurs, crèvent
les yeux à tout le monde.

Depuis l'existence de ces grands magasins qui s'agrandissent tous les jours et qui finiront par former des cités
dans la cité, comme ils forment déjà, par la puissance de
leur capital s'augmentant tous les jours et gagné sur le peuple, un État dans l'État (1), non seulement les boutiques
particulières à Paris et dans toutes les villes de France se
louent à moitié prix de ce qu'elles s'étaient louées avant
l'accaparement de ces maisons, mais une grande partie de
ces boutiques ne trouvent déjà plus de locataires du tout.
Et comme les choses comiques se mêlent toujours aux choses
tristes, j'ai entendu une propriétaire élégante et mondaine
venant d'hériter de sa tante plusieurs maisons de Paris,
vanter la profusion des belles choses de ces magasins et
s'appuyer surtout sur le bon marché de plusieurs articles
de confection et d'ameublement qu'elle venait d'acheter sans
se déranger, tout au plus en montant d'un étage à l'autre et

(1) N'a-t-on pas accusé, bien qu'à tort, une de ces maisons, de fomenter le
parti boulangiste ? Il suffit que cette accusation ait pu se produire pour en
sentir le danger.

encore dans un ascenseur. — Vous croyez donc, madame, lui dis-je, avoir économisé une certaine somme? — Certainement, répondit-elle, plus de deux cents francs. J'ai acheté une mantille, un article sacrifié à moitié prix. J'ai trouvé... Elle allait continuer, lorsque je lui dis : — N'êtes-vous pas, madame, la propriétaire des boutiques du rez-de-chaussée de la maison dont vous habitez le premier? — Certainement, monsieur, mais il y a des baux. La location en est assurée. — Mais, lui fis-je observer, il y a une fin à ces baux. — Cela regarde mon gérant, je ne m'en occupe pas. — Mais, mais... j'allais lui faire observer que ses économies de deux cents francs, que je nie d'ailleurs, lui coûteront plus de deux mille francs avant trois ans, mais la jeune évaporée était tellement infatuée du progrès de ces maisons (qui sait? elle y a peutêtre chipé une fleur, cela s'est vu), qu'il eût été de la dernière impolitesse de la contredire.

Seulement, je puis certifier que, depuis ce temps, deux locataires de sa maison ont fait faillite. Une de ces boutiques est encore à louer, et quant au gérant, il est parti avec les loyers, et la première demoiselle de vente d'une de ces boutiques devenues forcément des boutiques interlopes. Et voilà le bénéfice net de cette dame à la mantille à moitié prix. Ce doit être à peu près la même chose pour tous les propriétaires qui se font servir dans ces magasins, tous se donnant des verges pour se fouetter.

XI

Pendant longtemps, pour vendre à meilleur marché que leurs concurrents français, ces maisons ont fait venir leurs marchandises de l'étranger, surtout des pays où la main-d'œuvre est à moitié prix du salaire français et où le gouvernement ne tolère aucune grève. Ce sont elles qui ont créé Créfeld et Elberfeld pour les soieries, et Bâle pour les rubans communs de soie et velours. Elles tirent encore de la Belgique plusieurs articles de premier ordre. L'Angleterre a été à peu près abandonnée, d'abord parce que Roubaix a fini par fabriquer des articles aussi bon marché et même à meilleur marché et aussi bons, je veux dire aussi mauvais que les anglais, puis, parce que la main-d'œuvre est aussi chère en Angleterre qu'en France. Mais l'Angleterre forcément reprendra le dessus, car, comme les fabricants français, pour faire des affaires avec ces maisons à des prix presque au-dessous du prix de revient, ne pouvant pas s'en tirer sur la diminution du salaire par crainte de grèves, sont forcés de trouver un peu de profit sur la qualité inférieure même des marchandises fabriquées, à l'heure qu'il est, pour trouver un drap noir à habits solide, fin et bon teint, on est forcé de le faire venir de l'Angleterre, sans compter que certaines fabrications de premier ordre, tel que le beau et bon Montagnac, ont complètement disparu. Il est dans la nature de l'homme de ne jamais s'arrêter au beau milieu. C'est déjà un immense avantage d'acheter trois mille pièces à un fabricant et de faire une concurrence mortelle aux marchands qui ne leur commandent que cinquante ou cent pièces. Mais cela ne suffit pas aux acheteurs de ces maisons. Il leur faut encore un grand rabais sous peine d'aller adresser leurs commandes à un autre fabricant, sans compter la commission qu'il faut payer à l'acheteur même. Le fabricant a beau vouloir refuser, il faut que ses métiers travaillent, et ne dussent-ils travailler qu'au prix de revient, il ne peut pas faire chômer ses ouvriers, et, comme il ne peut pas non plus diminuer les salaires, il faut absolument qu'il se retrouve sur la mauvaise qualité qu'il livre, de concert avec l'acheteur ou même à son insu.

Déjà l'intermédiaire ordinaire entre le producteur et le consommateur est considéré par des économistes radicaux comme un parasite social qu'il faudrait faire disparaître. *Qu'est-ce donc qu'un intermédiaire qui, lui-même et à lui seul, fait la loi au producteur et au consommateur à la fois?* Ce n'est plus un parasite, c'est un tyran, un dictateur social, véritable Pharaon, qui accapare de force tout le blé des années fertiles et le vend à son peuple durant la famine! Et la famine est certaine, car, comme les gros marchands de poissons qui, les jours d'abondance, pour maintenir les prix à leur volonté, en font resserrer la moitié ou télégraphient aux ports de mer de ne pas expédier leurs pêches le jour même, ces gros dispensateurs du commerce, faisant la loi aux fabricants et aux clients, peuvent très bien, à leur volonté, faire disparaître un article ou en faire accepter d'autres selon leur caprice. Car (*et ici nous entrons au cœur de la bataille et de la défaite certaine*) *si par des lois fiscales ces maisons ne sont pas arrêtées dans leurs envahissements commerciaux, qui sont autant d'empiètements despotiques par la seule force matérielle sur la prospérité publique et le bien-être des citoyens, tôt ou tard elles se coaliseront et fusionneront pour être les maîtres absolus de toute l'industrie, de tout le commerce, de tout le travail de la France! Puis, forcément le chef élu de ces magasins réunis deviendra le dictateur politique de la République, je dis de la République, surtout d'une République anarchique comme la nôtre. Aucun roi ne tolérerait une puissance pareille à la tête de son pouvoir, à moins d'abdiquer, ou de s'emparer de cette puissance dispensatrice, ayant droit de vie et de mort et sur le producteur et sur le consommateur!*

Et qu'on n'aille pas exciper du bon marché que les clients trouvent dans ces maisons et qu'ils ne trouvent plus ailleurs ! *Plus ces maisons gagneront en influence et en étendue, plus ce bon marché deviendra illusoire.* Déjà, à l'heure qu'il est, ce soi-disant bon marché n'existe plus pour les articles de choix. Pour les articles de camelote (1), soit. On les ramasse de partout. Ce sont des épaves de la fabrique et de l'étranger ; mais, pour les articles de bon aloi, ce bon marché est une légende. Je pourrais citer plusieurs articles par l'expérience, je n'en citerai qu'un. J'ai fait venir de Vimoutier, avec un ami, une pièce de toile pour draps, d'une contenance de cinquante-cinq mètres à cinq francs soixante centimes le mètre. Je suis allé avec l'échantillon de cette toile dans les quatre plus grands magasins de Paris, partout on m'a demandé huit francs, au minimum sept francs cinquante centimes la même qualité. Or, eux qui achètent cet article par centaines de pièces ne l'ont payé que cinq francs le mètre. A sept francs cinquante centimes, cela fait cinquante pour cent de bénéfice. Même différence pour les serviettes, et *ab uno disce omnes.* Mettons qu'ils n'en vendent que la moitié et que l'argent qui dort diminue le bénéfice. Mais l'année suivante, ils mettront ce même article dans les soldes et le vendront soi-disant au prix coûtant, comme article sacrifié, non sans y mettre l'intérêt de l'argent. On me dira que celui qui n'achète qu'un mètre ou deux ne peut pas, ne doit pas jouir de cet avantage. Soit ! mais ce n'en est pas moins l'exploitation de la faiblesse par la force. C'est

---

(1) Ils sont descendus, comme les anciens fripiers de la halle, à étaler ces articles de camelote confectionnés dans la rue même, ce qui ne paraît pas permis aux autres maisons de confection. En fait de permissions, ces maisons ne demandent plus, elles prennent. Elles sont les maîtres de la cité.

le contraire qui serait juste. Le pauvre devrait payer moins que le riche. Mais alors avec ce système, adieu les millions! Il faudrait fermer boutique, car, en effet, ces millions ne sont payés que par les pauvres. Le riche sait toujours tirer son épingle du jeu.

Encore si ces millions — j'y reviens toujours — étaient gagnés par la masse du peuple; si chaque acheteur était en même temps vendeur, chacun pour un article différent! C'est là, et ce fut toujours là le *commerce libre et coopératif, car la division du commerce n'est en effet qu'une vaste coopération, non dans un seul bâtiment, mais dans cent mille boutiques, dans la même cité ou dans le même pays. Cette coopération nationale n'existe plus. Quelques individus s'en sont emparés; les membres coopératifs ne sont déjà plus que de simples employés, qu'un maître absolu reçoit et renvoie à volonté, en attendant qu'ils deviennent de vrais fellhas, de véritables serfs, des hommes liges, avec le droit de jambage sur leurs filles et femmes!* Cela doit déjà exister, sinon de droit, au moins de fait. Le mal a sa logique comme le bien. De même qu'il n'y a pas de justice sans vertu, de même il n'y a pas d'injustice sans vices! Sans risquer de se tromper beaucoup, l'accaparement de ces grands magasins repose en grande partie sur le vice!

XII

Je n'ai certes pas épuisé tous les arguments contre ces maisons. Nombre de marchands et de commerçants m'en ont communiqué de toutes sortes, mais j'ai hâte d'arriver aux moyens de défense, car le mal est déjà si grand que les adversaires de ces maisons ne peuvent lui faire qu'une guerre

défensive, mais, en vérité, en légitime défense, car il y va
de l'existence et de la vie de tout le commerce français.

La première idée de défense dont on parle depuis trois ans,
c'est de frapper chaque article d'une patente spéciale. On a
bien vite renoncé à cet engin de guerre, attendu que cet impôt ne frapperait ces magasins que de quelques centaines de
mille francs de plus. Cela pourrait tout au plus les engager
à abandonner quelques menus articles, mais cela se noierait
sur un chiffre d'affaires qui monte à cent seize millions par
an. Autant opposer une centaine de revolvers contre une
artillerie armée de canons Krupp. Cette mesure à peine pro-
posée a été vite abandonnée.

On a songé, et ceci serait plus efficace, à une espèce de
coopération par article pour les achats. Ces maisons ne
trouvent de grands avantages dans leurs achats que parce
qu'elles sont à même de faire de grosses commandes pour
chaque article. Il est naturel qu'un fabricant, livrant à une
maison trois mille pièces de soieries ou de cotonnades, lui
accorde des baisses de prix qu'il ne peut accorder à un mar-
chand qui ne lui en commande que cinquante ou vingt. Si
donc tous les marchands de soierie pouvaient se syndiquer
et se coaliser en disant à ce même fabricant : « Combien de
pièces livrez-vous à cette maison ? Trois mille ? Nous vous en
commandons quatre mille, à condition que vous ne lui en
livriez pas une seule. » Cette coalition serait de très bonne
guerre, mais elle est irréalisable. Outre qu'on ne trouverait
pas à Paris et dans les départements de France un certain
nombre de commerçants capables de se liguer étroitement
dans une défense commune, les uns n'aiment pas que les
autres sachent le prix d'achat de leur marchandise, tous d'ailleurs ne vendent pas leur marchandise au même prix, le prix

de vente n'étant pas calculé sur le prix d'achat, mais sur la situation et la solvabilité de la clientèle. Mieux vaudrait une franche coopération pour une certaine quantité d'articles, même vendus dans différentes boutiques ; mais cela aussi paraît impraticable ; car, pour qu'une coopération réussisse, il faudrait un chef capable, intègre, muni de pleins pouvoirs pour les achats et les prix de vente, avec un pouvoir absolu sur tous les marchands coopérants. Les essais de démocratie, hélas ! se font et se sont toujours faits en politique aux dépens du peuple, mais en fait de commerce ils ne supporteraient même pas la discussion. Nul ne les admettrait dix minutes. Une maison de commerce, si grande ou si petite qu'elle soit, ne saurait prospérer une année sans chef absolu, en d'autres termes sans dictateur. Ce chef, ce dictateur peut être soumis à l'élection. Un certain nombre de sous-chefs peuvent avoir un droit de vote pour l'élire. Son pouvoir peut être limité pour un certain temps, mais, une fois élu, il faut qu'il ait non seulement, comme je viens de le dire, pleins pouvoirs par rapport aux achats et aux ventes, mais encore par rapport à ses employés qu'il doit pouvoir choisir et renvoyer à sa volonté, même s'ils sont propriétaires d'une part de capital. Autrement la maison est destinée à une ruine certaine.

D'autres ont proposé de procéder par des syndicats d'interdiction comme l'ont fait les marchands de papiers peints. Ces marchands, après s'être syndiqués, sont allés dire au fabricant qui livrait des papiers à une de ces maisons : « Si vous continuez de travailler pour cette maison, pas un de nous ne vous commandera plus un rouleau. » Tout cela est bel et bien pour un article dont ladite maison n'a pas un débit qui surpasse celui des marchands syndiqués. Mais, au train qu'elles vont, ces maisons, il se pourrait bien qu'à elles seules, elles eussent un plus grand débit d'un seul article que tous les autres marchands réunis, et alors le fabricant n'hésiterait pas. Qu'arrive-t-il, d'ailleurs, même si le fabricant accepte cette interdiction ou cette mise au ban? La maison interdite se pourvoira à l'étranger. Qu'est-ce que cela lui fait? Et où trouvera-t-on en France des acheteurs qui, par patriotisme, n'iront pas se fournir dans un magasin, pour peu qu'ils y trouvent leur intérêt et une certaine économie!!!

Les Italiens, dont nous nous moquons souvent et presque toujours à tort, lors de la domination autrichienne à Venise, pendant des années, se sont privés de fumer un cigare, parce que l'impôt sur le tabac constituait une grande partie des revenus budgétaires de l'étranger. Supposé qu'on voudrait, par patriotisme, recommander aux Parisiens de renoncer à la bière allemande, une boisson aussi dangereuse qu'inutile, combien en trouverait-on qui, sans y être forcés par une loi, s'imposeraient cette privation? Je les ai vus à Aix se ruer et se battre pour avoir une place à la représentation de *la Grande Duchesse*, que je ne pouvais voir dix minutes sans avoir des haut-le-cœur et sans la quitter avec des larmes d'indignation!

Voici maintenant la seule mesure légale et efficace en légitime défense contre ces condottieri commerciaux, mesure indispensable, conforme non seulement à la raison, à l'équité et à la logique, mais, comme toute loi simple, basée sur la vérité dont le principe spirituel, qu'on appelle théorie abstraite, est en même temps tellement pratique, qu'elle contribuerait non seulement au bien du peuple, mais qu'elle détruirait en même temps des maux sociaux signalés par les meilleurs esprits depuis des années. J'en ai parlé à mon ami Tirard dans nos promenades à Aix. Il m'a fait quelques menues objections. Il y en a toujours pour toute nouvelle loi; mais, en

fait, il a été forcé de convenir de la justesse et de la raison-
nabilité de la mesure, et je l'ai formellement chargé de pro-
poser la loi quand il rentrera au pouvoir.

Je n'ai pas besoin de citer tout au long les critiques sur
notre loi de patentes. Elles sont innombrables. Pas un légis-
lateur n'oserait défendre la loi actuelle sur les patentes. Elle
est aussi inique que stupide. Elle est la cause de toutes les
perturbations commerciales et sociales.

**Une loi sur les patentes n'est juste ni ne sera
salutaire que basée sur le chiffre des affaires de
chaque commerçant.** Elle doit être douce pour le commerçant qui ne fait qu'un chiffre d'affaires restreint, dont il
vit strictement pour élever une famille; mais cette patente
doit s'élever, **pas progressivement,** avec le chiffre d'affaires représentant des bénéfices; ainsi, par exemple, un
homme qui fait pour cinquante mille francs d'affaires peut
n'être astreint qu'à payer un demi pour cent au fisc. Cent
mille francs peuvent payer un pour cent. Cet impôt d'un pour
cent peut s'étendre jusqu'à deux cent mille francs et monter
par demis jusqu'à quatre ou cinq cent mille. C'est une loi à
discuter et à soumettre à nos chambres de commerce. Mais,
en tout cas, on pourrait aller jusqu'à cinq pour cent, **de façon
qu'une maison qui fait cent millions d'affaires
payerait cinq millions de patente.**

Cet impôt ne la tuerait pas, mais il permettrait aux petites
maisons de lutter avantageusement et diviserait forcément le
commerce en autant de maisons coopératives. Je suis sûr
que le budget de l'État n'y perdrait pas, d'autant que cette
loi serait générale pour toutes les affaires, sauf peut-être
pour celles qui se font sur la transformation des matières
et étoffes par le travail d'un métier ou d'un art. D'ailleurs,

même s'il y perdait, cela prouverait que dans notre organisation les petits payent pour les grands. Raison de plus
pour l'abolir au plus vite. L'impôt n'a pas d'autre raison d'être
que de protéger par la justice la fortune du travail acquis du
passé, faisant son devoir d'où jaillissent les droits du travail
présent, contre la force éventuelle sans justice des pauvres. Il
faut, dans toute société basée sur la justice, que les riches
payent leur propre protection et sûreté.

Je ne puis pas entrer ici dans tous les détails de cette loi
qui est urgente. Dans une autre brochure, je tâcherai de traiter
cette question à fond, par le menu. Mais je tiens à répon-
dre tout de suite à une objection capitale qu'on m'a faite.
Cette objection la voici : Ce seront toujours, me disait-on,
les acheteurs qui payeront. Pour regagner ces cinq millions,
les vendeurs chercheraient à les retrouver par des augmen-
tations de prix !

Voici ma réponse : *Qu'ils cherchent, mais ils ne les trouveraient
pas, puisque les mêmes articles et de même qualité ne payant qu'un
demi pour cent dans les petites maisons se vendraient meilleur
marché!* C'est précisément pour empêcher tout accaparement
que cette loi serait faite. La même lutte se déclare en ce moment entre les petits agriculteurs, désirant vendre leurs grains
à l'État pour l'armée, contre les accapareurs qui gagnent des
millions sur leurs livraisons, sans payer plus de patente que
les paysans vendeurs de leurs grains. Il est vrai que certains
articles de luxe vendus par ces maisons se vendraient plus
cher que dans l'état actuel et anarchique du commerce; mais
où serait le mal ? Voilà assez longtemps que les moralistes ful-
minent contre le luxe. Avec la loi d'égalité sur les patentes,
on n'aurait pas besoin d'une loi somptuaire. Le luxe ne serait
abordable qu'aux bourses très riches et plus cher elles le

payeraient, mieux cela vaudrait et pour eux et pour l'État !

Je finis. Je n'ai fait qu'attacher le grelot, sûr que je suis que d'autres le feront carillonner mieux que moi.

Un mot encore. Nous vivons dans un pays de routine et de routiniers, où la moindre réforme exige plus de temps qu'il n'en faudrait pour creuser un canal d'un bout de l'Europe jusqu'aux confins de l'Afrique. Notre machine pour la confection des lois est tellement lourde, ses rouages sont tellement vieux et rouillés, *que, pour la faire marcher, il faudrait la faire sauter !* Aussi les Français ne marchent pas, ils sautent, et ils sauteront au risque de se casser bras et jambes dans le précipice qui s'ouvre béant devant eux.

Je viens d'ouvrir une discussion sur une question vitale et brûlante. Impossible de l'éviter, car j'ai dit tout haut ce que tout le monde se dit tout bas.

Que mes mesures proposées soient justes et applicables ou non, il faut que cette question soit publiquement discutée et vidée. Il faut qu'on trouve les moyens pour faire disparaître ces maisons d'accaparement, **car il faut absolument qu'elles disparaissent !!!**

Paris. — Soc. d'Imp. PAUL DUPONT, 21, rue du Boulol (Cl.) 800.10.88.